Die verschwundene Blaubeertorte

Eine geheimnisvolle Geschichte

Die verschwundene Blaubeertorte

Eine geheimnisvolle Geschichte

Erzählt von

Crosby Bonsall

Übersetzung von

M. O. Seberg

LERNE LESEN

Reinbeker Kinderbücher
Carlsen Verlag

Reihe LERNE LESEN
3. Auflage 1982

Aus dem Amerikanischen
THE CASE OF THE HUNGRY STRANGER

Originalverlag: Harper & Row, New York

05078219/12001 · ISBN 3-551-53301-6
Bestellnummer 53301

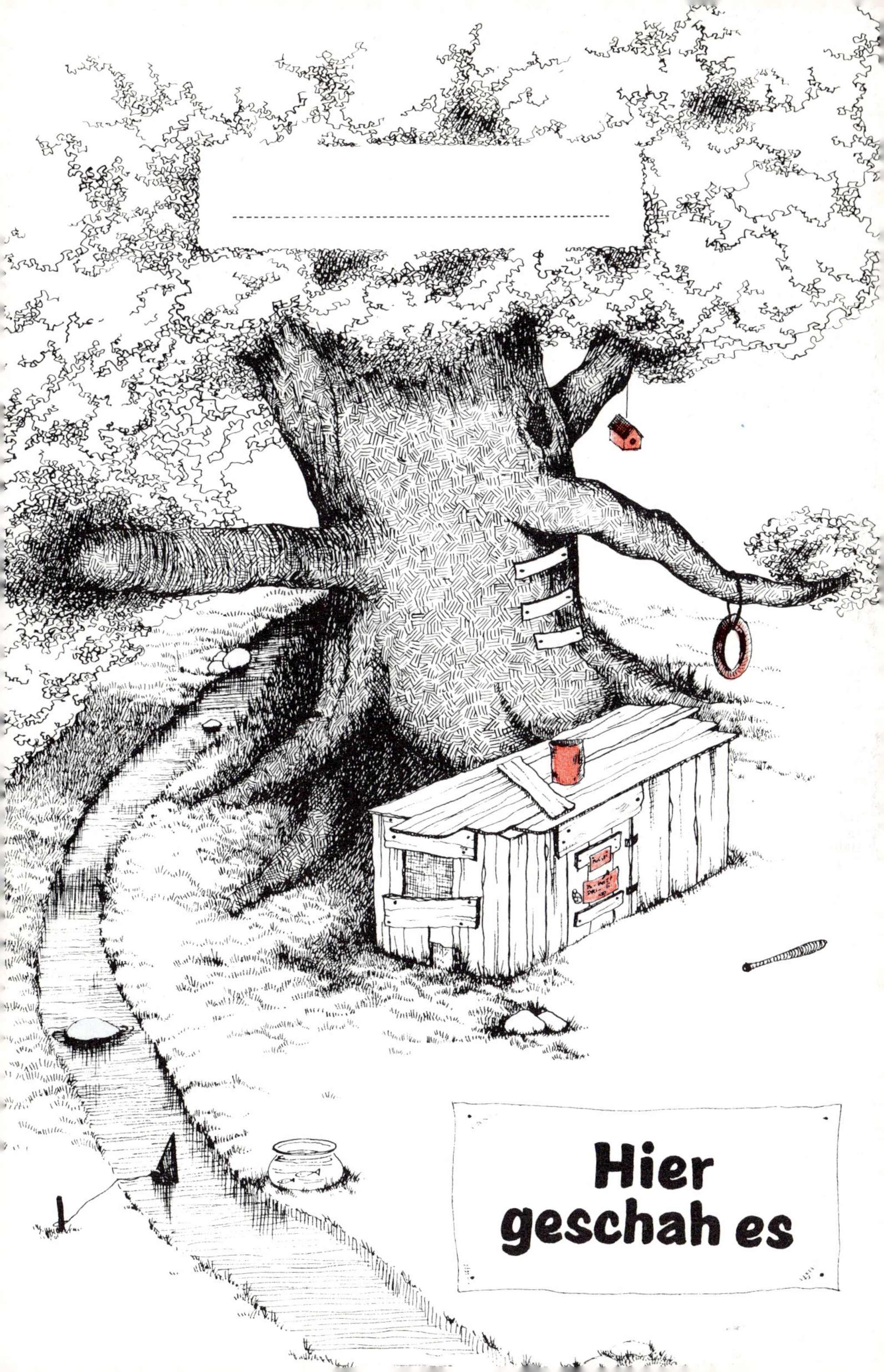
Hier geschah es

Sie saßen
in ihrer Hütte:
Schlaukopf, Tönnchen, Latte
und der kleine Wichtig.

Schlaukopf war ihr Anführer.

Tönnchen war sein Freund,

Latte war sein Freund,

und Wichtig war sein kleiner Bruder.

Schlaukopf wußte alles,
fast alles,
deshalb nannten sie ihn Schlaukopf.
Tönnchen hieß Tönnchen,
weil er so aussah. Er aß immer.

Latte aß wenig.

Er war der längste von ihnen,

deshalb nannten sie ihn Latte.

Wichtig war zwar der kleinste,

aber er redete am meisten.

Manchmal tat er sich wichtig.

Ihre Hütte stand unter einem Baum
im Garten
von Schlaukopfs und Wichtigs Eltern
Ein Bach floß daran vorbei.

An der Tür war ein altes Schild.

Darauf stand: NUR FÜR JUNGEN.

Darunter war ein neues Schild:

SCHLAUKOPF

DETEKTIV

»Was ist das, ein Detektiv?«
fragte Wichtig.
»Ich bin einer«, sagte Schlaukopf,
»ich bin findig!«
»Gut, dann suche meinen
verlorenen Pfennig.«
Schlaukopf lachte: »Ich finde keine
verlorenen Sachen, ich finde nur heraus,
wie es geschah.
Wenn dir also jemand den Pfennig
gestohlen hat, werde ich herausfinden,
wer das war. Er muß ihn dir zurückgeben.«
»Kostet das was?«
»Fünf Pfennig.«
»Dann laß es lieber«, sagte Wichtig.

NUR FÜR JUNGEN
SCHLAUKOP
Detekti

»Ein guter Detektiv
muß schlau sein«, sagte Schlaukopf,
»er muß seine Augen offen halten,
und er muß«, – sein Blick traf Wichtig
»seinen Mund halten können.«

Da kam Frau Meier, die Nachbarin,
in den Garten gelaufen.
»Wer von euch hat meine
Blaubeertorte aufgegessen?« fragte sie.

Alle sahen Tönnchen an.

Frau Meier sagte:

»Ich habe zwei Torten gebacken und s

zum Abkühlen nach draußen gestellt.

Nun ist eine weg,

nur die leere Form steht noch da.«

»Ich war es nicht«, sagte Tönnchen.
»Ich auch nicht«, sagte Schlaukopf.
»Ich auch nicht«, sagte Latte.
»Und ich auch nicht«, sagte Wichtig,
»ganz ehrlich!«

»Ein Detektiv muß her«,
sagte Frau Meier.
»Dann sind Sie hier genau richtig«,
sagte Schlaukopf,
»wir werden herausfinden,
wer die Torte aß.«
»Das hoffe ich«, sagte Frau Meier.

Schlaukopf sah seine Freunde an.
»Dann wollen wir die Untersuchung gleich hier beginnen:
Tönnchen, wo warst du,
bevor du hierherkamst?«

»Ich war beim Bäcker«,
sagte Tönnchen,
»ich habe für meine Mutter
Brot gekauft –
und für mich ein paar Plätzchen.«

»Und du, Latte?« fragte Schlaukopf.
»Ich habe auf meine kleine Schwester
aufgepaßt,
während meine Mutter
die Wäsche aufhängte«, sagte Latte.

»Und wo warst du, Wichtig?«
fragte Schlaukopf seinen Bruder.
Wichtig lachte:
»Ich war doch bei dir.«
»Wo warst du denn, Schlaukopf?«
fragten Tönnchen und Latte.

»Das will ich euch erzählen«,
rief Wichtig, »es war zu lustig.
Mutti hat nämlich
ihren neuen Hut probiert.«
»Was soll daran schon lustig sein?«
fragten Tönnchen und Latte.

»Sie hat ihn Schlaukopf aufgesetzt«, kicherte Wichtig.

»Das ist lustig«,
riefen Tönnchen und Latte.
»Vorwärts, Freunde, an die Arbeit«,
sagte Schlaukopf.
»Wir müssen Fingerabdrücke
und Fußspuren suchen und alles,
was uns sonst noch weiterhelfen kann.«

Sie sprangen über den Bach.

Sie kletterten über den Zaun.

Sie liefen über den Rasen

zum Haus von Frau Meier.

Auf einer Bank stand die Tortenform.

Sie war leer, das stimmte.

»Hier sind Fußspuren!« rief Latte.

»Ganz frische«, sagte Schlaukopf.

Dann besah er sich Lattes Schuhe.

»Das sind deine Fußspuren«, rief er,

»du hast sie gerade erst gemacht.«

Tönnchen sah die offene Kellertür.
»Vielleicht steckt der Dieb im Keller
ich will einmal nachsehen.«

Im Keller war es dunkel und still.
Es roch muffig.
Tönnchen stolperte über etwas.
Es war weich und bewegte sich.
Wollte es nach ihm greifen?
»Hilfe!« schrie Tönnchen,
»kommt schnell, ich habe den Dieb!«

Frau Meier machte Licht.
Tönnchen war ganz und gar
in einen Gartenschlauch verwickelt.
»Trottel!« sagte Schlaukopf.

Draußen hielt Schlaukopf seinen Freunden eine Standpauke:

»Wir sind noch nicht weit gekommen in diesem Fall.«

»Da, ein Kuchen krümel«, rief Wichtig.

»Dann ist er diesen Weg gegangen«, sagte Schlaukopf.
»Los, hinterher!«
Sie gingen den Krümeln nach, quer durch den Garten bis zum Zaun.

Krümel jenseits des Zaunes,

Krümel auch jenseits des Baches!

»Pssst! – Ich glaube, wir haben ihn
sagte Schlaukopf.
Tönnchen nahm ein Plätzchen,
aber er wagte kaum zu kauen.

Die Spur führte geradewegs
zur Hütte unterm dicken Baum.
»Paßt auf«, sagte Schlaukopf,
»ich reiße die Tür auf –
und dann alle Mann drauf!«

Die Hütte war leer.

»Schade«, sagte Latte, »er ist weg.«

»Beinahe hätten wir ihn erwischt«,

sagte Tönnchen und aß noch ein Plätzche

Ein paar Krümel fielen

ins Gras.

Alle sahen auf die Krümel.
»Wir sind hinter Plätzchenkrümeln hergelaufen«, sagte Schlaukopf.
»Hinter Tönnchens alten Krümeln her!« sagte Latte.

»Wir müssen den Kerl kriegen«,
sagte Schlaukopf.
Und Latte sagte:
»Wir sind schlechte Detektive,
wenn wir nicht einmal
diesen Blaubeertortendieb erwischen.«

»Blaubeertorte – Blaubeertorte!«
ging es Schlaukopf durch den Sinn.
»He«, sagte er, »zeigt mal eure Zähne.«
»Warum?« fragte Tönnchen.
»Los, zeig mir deine Zähne,
und ich zeig dir meine.«

»Was haben die Zähne damit zu tun?«
fragte Latte.
»Mir fehlt einer«, sagte Wichtig,
»ist das schlimm?«

»Nein«, sagte Schlaukopf,
»aber, wenn einer von uns
die Blaubeertorte gegessen hätte,
wären seine Zähne blau.«
»Unsere Zähne sind nicht blau!«
riefen Tönnchen und Latte.
»Ich glaube, mein Zahn war blau«,
sagte Wichtig.

»Gut, dann sucht jeder jetzt nach Leuten mit blauen Zähnen«, sagte Schlaukopf.

Sie gingen straßauf und straßab.

Sie gingen von Haus zu Haus.

Sie lachten alle Leute an.

Wichtig lachte den Postboten an.

Der Postbote lachte zurück.

Aber seine Zähne waren nicht blau.

Tönnchen lachte den Eisverkäufer an.
Der Eisverkäufer lachte zurück.
Aber seine Zähne waren nicht blau.
Tönnchen bekam ein Eis und schenkte
dem Eisverkäufer ein Plätzchen.

Latte lachte
den Zeitungsjungen an.
Der Zeitungsjunge lachte zurück.
Aber seine Zähne waren nicht blau.

Schlaukopf lachte den Polizisten an.
Der Polizist lachte zurück.
Natürlich waren auch
seine Zähne nicht blau.

Schlaukopf, Tönnchen und Latte
trafen sich wieder vor der Hütte.
»Ich habe keinen einzigen
blauen Zahn gesehen«, sagte Latte.
»Wo ist Wichtig?« fragte Schlaukopf.
Niemand wußte es.

»Ich habe meiner Mutter versproche
gut auf ihn aufzupassen«,
sagte Schlaukopf,
»wir müssen ihn suchen.«
Aber sie brauchten nicht
nach ihm zu suchen.

Wichtig stürmte in den Garten und rief:
»Kommt schnell mit,
ich habe die blauen Zähne entdeckt!«
Alle rannten hinter Wichtig her.

Sie sprangen über den Bach.

Sie kletterten über den Zaun.

Sie rannten über den Rasen.

Frau Meier arbeitete in ihrem Garten

sah die kleinen Detektive kommen

und lächelte.

Alle ihre Zähne waren blau!
»Nicht doch, Wichtig«, sagte Schlaukopf.
»Aber ihre Zähne sind doch blau«,
sagte Wichtig.
»Gewiß sind sie das«, sagte Frau Meier,
»ich habe ja auch Blaubeeren
als Nachtisch gegessen.«

Wieder bei der Hütte angelangt,
hatte Schlaukopf ein Wörtchen
mit Wichtig zu reden.
»Aber du hast doch gesagt,
wir sollten nach blauen Zähnen sehen
sagte Wichtig.
»Doch nicht bei Frau Meier!«
rief Schlaukopf.

In diesem Augenblick kroch ein Hund
durch ein Loch im Zaun.
Er sprang über den Bach
und setzte sich bei den Jungen nieder.

»Den kenne ich, der kommt jeden Tag zu uns«, sagte Wichtig.

»Ein hübscher Hund«, sagte Latte.

»Ob er Plätzchen mag?« fragte Tönnchen

Aber der Hund lief zu Schlaukopf.
Er wedelte mit dem Schwanz
und setzte sich wieder.
Schlaukopf lachte den Hund an.
Und der Hund zeigte
seine Zähne.
Schlaukopf lachte laut.

Die anderen lachten noch lauter.
Der Hund bellte.
Er sprang wild umher
und zeigte seine Zähne.

Die Hundezähne waren tiefblau.

Blaubeertortenblau!

»Der Fall ist abgeschlossen«,
sagte Schlaukopf,
»das ist der Kuchendieb!
Wir wollen ihn zu Frau Meier bringen.

Auch Frau Meier sah es:
Der Hund hatte blaue Zähne.
»Das habt ihr gut gemacht, Jungs«,
lobte Frau Meier.
»Wir sind ja auch richtige Detektive«,
sagte Schlaukopf zu ihr.

Plötzlich rief jemand: »Moppel! Moppel
Ein kleines Mädchen lief über den Rase
»Da bist du ja endlich, Moppel«,
sagte es zu dem Hund.
»Wo warst du nur den ganzen Tag?«
Der Hund freute sich.

Und Schlaukopf
erzählte es dem Mädchen.
Tönnchen erzählte es ihr.
Latte erzählte es ihr.
Und Wichtig erzählte es auch.
Er erzählte immerzu.

Frau Meier kam hinzu.
»Möchtet ihr nicht die Blaubeertorte essen, die Moppel übrigließ?«
Tönnchen sagte als erster: »Ja!«

Sie nahmen die Torte mit zur Hütte.

Moppel und das Mädchen

gesellten sich dazu.

Das Mädchen hieß Bärbel.

Sie setzten sich alle ins Gras

und aßen die Blaubeertorte.

Dann lachten sie
und zeigten ihre
tiefblauen Blaubeertortenzähne.